E a'o i ka
HULA
me Lani
Marcy Schaaf
Hawaiian
AF422667

Learn to
HULA
with Lani
Marcy Schaaf

Aloha,

Welcome to the magical islands of Hawaii, where the sun kisses the ocean, and the palm trees sway with the breeze. In this book, you will join young Lani on an enchanting journey to learn the art of hula, a traditional Hawaiian dance that tells beautiful stories through graceful movements.

Hula is more than just a dance; it's a way to share love, respect, and the vibrant culture of Hawaii. With each step and gesture, hula dancers bring legends, nature, and emotions to life. In "Learn to HULA with Lani," you will discover the meanings behind each hula movement and learn how to dance with your heart.

So, put on your dancing feet, and let's begin our adventure with Lani and her wise grandmother, Tutu. Together, we'll explore the joy and spirit of hula, step by step.

Aloha and enjoy the dance!

Aloha,

Welina mai i nā mokupuni kupua o Hawai'i, kahi e honi ai ka lā i ke kai, a 'olu'olu nā lā'au pāma me ka makani. Ma kēia puke, e hui pū 'oe me Lani 'ōpio ma kahi huaka'i ho'ohiwahiwa e a'o i ke 'ano o ka hula, he hula ku'una Hawai'i e ha'i ana i nā mo'olelo nani ma o nā ne'e nani.

'Oi aku ka hula ma mua o ka hula; he ala ia e ka'ana like ai i ke aloha, ka mahalo, a me ka mo'omeheu olaola o Hawai'i. Me kēlā me kēia 'anu'u a me ke 'ano, ho'ōla ka po'e hula hula i ka mo'olelo, ke 'ano, a me nā mana'o. Ma "E a'o i ka HULA me Lani," e 'ike 'oe i ke 'ano o kēlā me kēia ne'e hula a a'o i ka hula me kou pu'uwai.

No laila, e kau i kou mau wāwae hula, a e ho'omaka kākou i kā kākou huaka'i me Lani a me kona kupuna wahine na'auao, 'o Tutu. E 'imi pū kākou i ka hau'oli a me ka 'uhane o ka hula.

Aloha a hau'oli i ka hula!

Copywrite @ Marcy Schaaf 2024
Learn the HULA with Lani

On a sunny island in Hawaii, young Lani wanted to learn the hula.

Ma kekahi mokupuni
Lā ma Hawaii, ua
makemake ʻo Lani
ʻōpio e aʻo i ka hula.

She asked her grandmother,
"Tutu, can you teach me the
hula dance?"

Nīnau ʻo ia i kona kupuna wahine, "E Tutu, hiki iā ʻoe ke aʻo mai iaʻu i ka hula hula?"

"Of course, Lani!" Tutu said.
"Hula tells beautiful
stories."

"'Oia'i'o, e Lani!" wahi a Tutu. "Ha'i 'o Hula i nā mo'olelo nani."

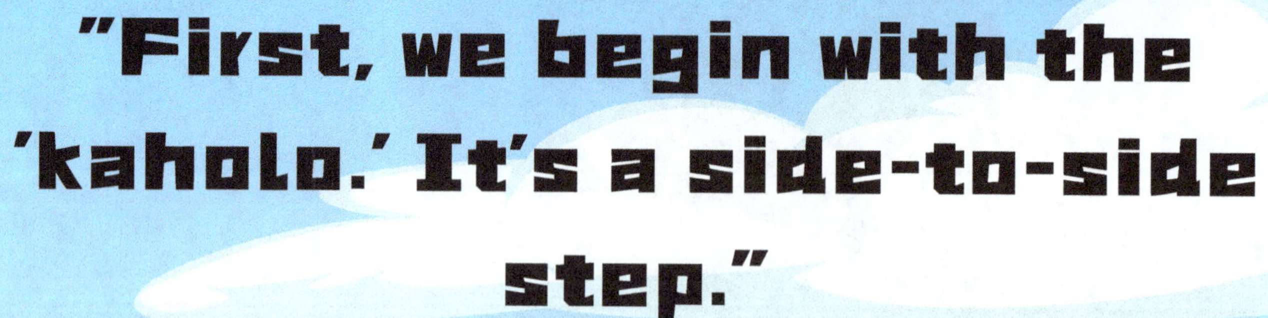

"First, we begin with the 'kaholo.' It's a side-to-side step."

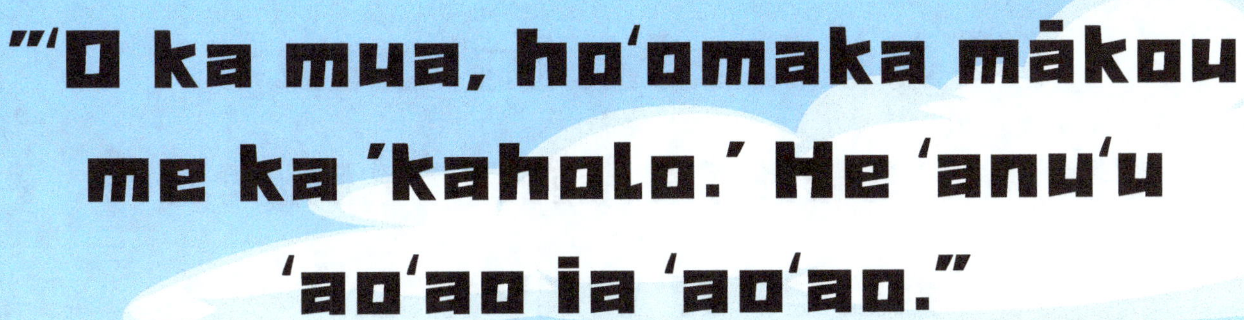

"'O ka mua, ho'omaka mākou
me ka 'kaholo.' He 'anu'u
'ao'ao ia 'ao'ao."

"The 'kaholo' step
represents the flowing
ocean waves."

"'O ka 'anu'u 'kaholo' e hō'ike
ana i nā 'ale kai kahe."

Lani practiced her 'kaholo'
step, imagining the waves.

Hoʻomaʻamaʻa ʻo Lani i kāna ʻanuʻu ʻkaholoʻ me ka noʻonoʻo ʻana i ka nalu.

"Next, we learn the 'ami,' a circular hip movement," said Tutu.

"Ma hope a'e, a'o mākou i ka 'ami,' he ne'e 'ā'ī pō'ai," wahi a Tutu.

"The 'ami' symbolizes the
rolling hills of Hawaii."

"He hōʻailona ka ʻami' i nā pu'u ʻōwili o Hawaiʻi."

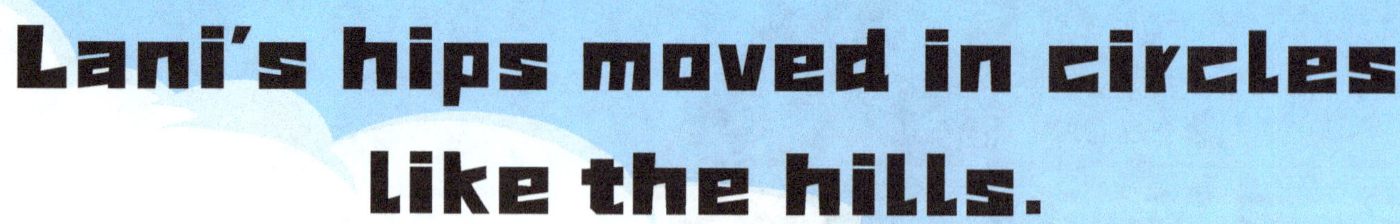
Lani's hips moved in circles
like the hills.

Neʻe pōʻai ko Lani pūhaka e like me nā puʻu.

"Now, the 'uwehe,' lifting one foot, then the other," Tutu instructed.

" 'Ānō, 'o ka 'uwehe,' hāpai i kekahi wāwae, a laila 'o kekahi," wahi a Tutu.

"The 'uwehe' shows joy and excitement."

"Hō'ike ka 'uwehe' i ka hau'oli
a me ka hau'oli."

Lani's feet danced with joy,
just like the 'uwehe.'

Hula na wawae o Lani me ka olioli, e like me ka ʻuwehe.

"Finally, the 'hela,' stepping forward and back," said Tutu.

" ʻO ka hope, ʻo ka ʻhela,ʼ e
hele ana i mua a i hope," wahi
a Tutu.

"The 'hela' represents
balance and connection."

"'O ka 'hela' ke kaulike a me ka pilina."

Lani practiced the 'hela,' feeling balanced and connected.

Hoʻomaʻamaʻa ʻo Lani i ka ʻhela,ʻ me ke kaulike a pili.

"Each movement has a special meaning," Tutu explained.

"He manaʻo kūikawā ko kēlā me kēia neʻe," wehewehe ʻo Tutu.

"Hula isn't just dancing; it's telling a story."

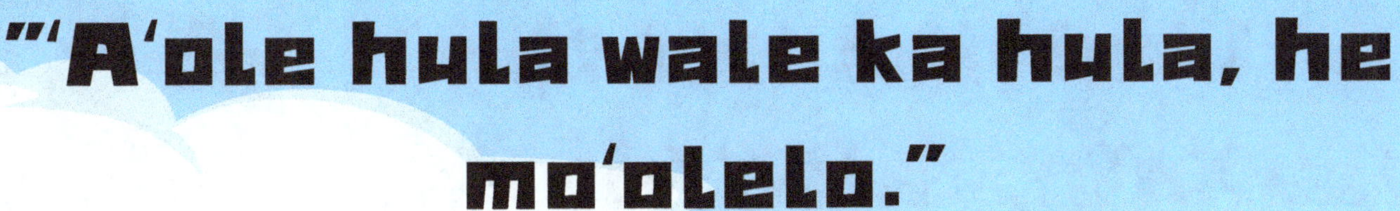
"'A'ole hula wale ka hula, he mo'olelo."

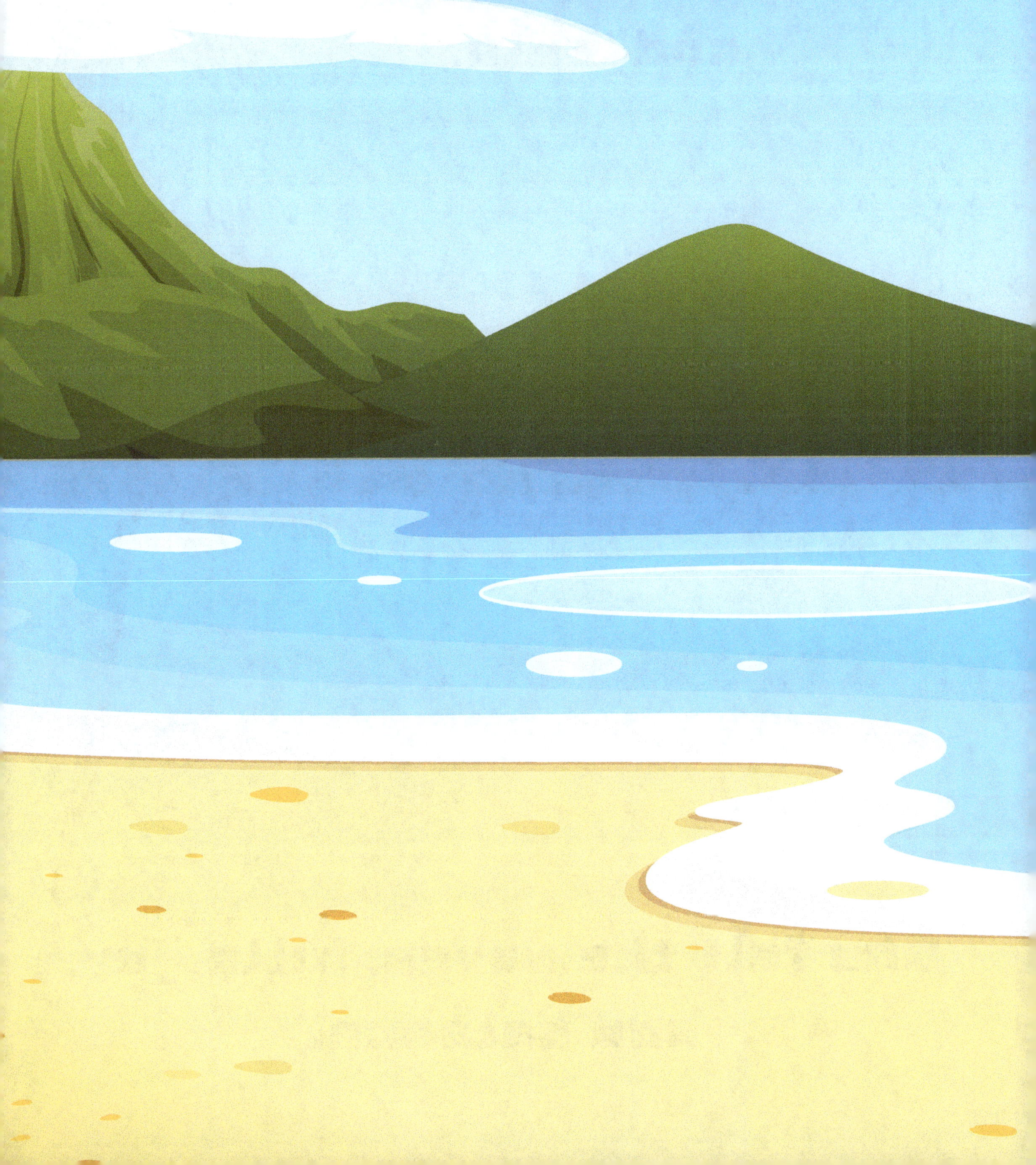

Lani danced the
'kaholo,' 'ami,' 'uwehe,'
and 'hela.'
She felt the waves, hills, joy,
and balance.

Lani danced the 'kaholo,' 'ami,' 'uwehe,' and 'hela.'

Ua 'ike 'o ia i nā nalu, nā pu'u, ka hau'oli, a me ke kaulike.

Lani learned that hula is more than just dance.

Ua aʻo ʻo Lani he ʻoi aku ka hula ma mua o ka hula.

She learned the importance of storytelling through movement and emotion.

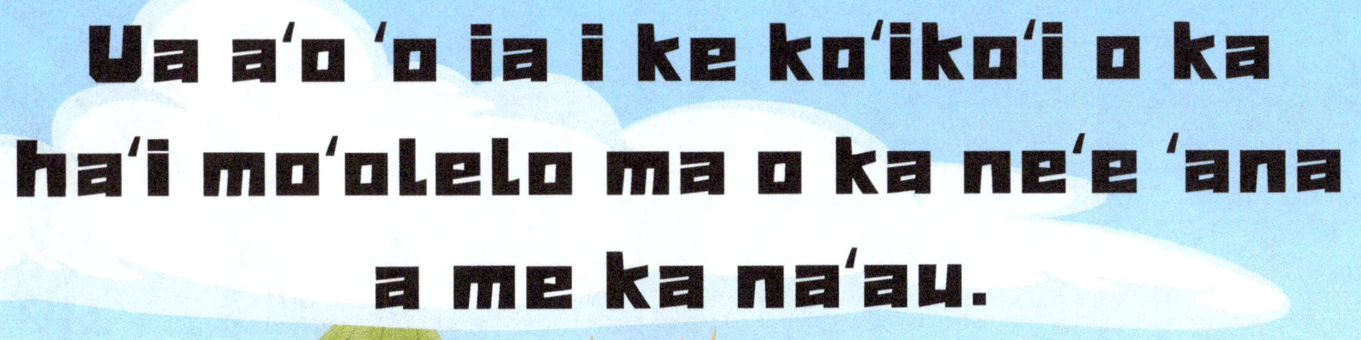

Ua a'o 'o ia i ke ko'iko'i o ka ha'i mo'olelo ma o ka ne'e 'ana a me ka na'au.

"Hula is a gift," Tutu said,
handed down from one
generation to the next,

"He makana ʻo Hula," wahi a Tutu, I hāʻawi ʻia mai kēlā hanauna a i kēia hanauna.

Lani's heart was full of aloha
for hula.

Ua piha ka naau o Lani i ke aloha no ka hula.

She danced hula every day with the spirit of Aloha that can only be found in Hawaii!

HAWAII
Hula ʻo ia i ka hula i kēlā me kēia lā me ka ʻuhane o ke Aloha e ʻike ʻia ma Hawaiʻi wale nō!

THE END

KA HOPENA

Hawaiian Words and Their Meanings

Tutu

Meaning: Grandmother

Explanation: In Hawaiian culture, "Tutu" is a term of endearment and respect for a grandmother. It signifies the wisdom and nurturing nature of elders.

Kaholo

Meaning: A basic hula step

Explanation: The "kaholo" is a fundamental hula movement involving a side-to-side step. It represents the flowing movement of the ocean waves, reflecting the natural beauty of Hawaii.

Ami

Meaning: Circular hip movement

Explanation: The "ami" involves moving the hips in a circular motion. This movement symbolizes the rolling hills and the continuity of nature in Hawaii.

Uwehe

Meaning: Lifting one foot, then the other

Explanation: The "uwehe" is a joyful hula movement where the dancer lifts each foot alternately. It expresses excitement and happiness, bringing a sense of liveliness to the dance.

Hela
Meaning: Stepping forward and back
Explanation: The "hela" involves stepping forward and then back. It symbolizes balance and connection, important aspects of hula that show the dancer's harmony with the earth and surroundings.

Aloha
Meaning: Love, respect, hello, goodbye
Explanation: "Aloha" is a versatile and deeply meaningful word in Hawaiian. It encapsulates love, peace, compassion, and a spirit of kindness. It is used both as a greeting and a farewell, embodying the essence of Hawaiian hospitality and warmth.

Additional Context

Hula: Hula is a traditional Hawaiian dance that tells stories through graceful movements and gestures. Each movement in hula has a specific meaning, often related to nature, emotions, and Hawaiian mythology.

Hawaiian Culture: The culture is rich with traditions and values that emphasize respect for nature, community, and family. Learning and performing hula is one way to pass on these values and keep the culture alive.

Books By Schaaf

www.BookBySchaaf.com

Find us at: